Zucchini und Auberginen

AUTORIN: MARLISA SZWILLUS | FOTOS: BARBARA BONISOLLI

Praxistipps

Extra

Zucchini – wahre Allround-Talente

Das Gemüse ist wirklich unglaublich vielseitig. Seine Farben, Formen und Zubereitungsmöglichkeiten machen es zum Hit!

Beliebte Zucchini

Die einen kennen sie vom Markt oder Gemüseladen, andere aus dem eigenen Garten. Ihre ursprüngliche Heimat ist Südamerika, Mexiko und Westindien. Vor etwa vierhundert Jahren kam die gurkenförmige Kürbisart in den Mittelmeerraum. Die Italiener gaben ihr den Namen *Zucchini*, eine Verkleinerungsform von *Zucca*, dem schwergewichtigen Kürbis. Heute wächst das Gemüse nicht nur in allen mediterranen Ländern, auch bei uns gedeiht es prächtig. Zucchini bekommen Sie das ganze Jahr; im Winter und Frühjahr werden sie unter Glas angebaut. Hochsaison haben sie vom Sommer bis in den Herbst hinein als Freilandware.

Farben, Formen und Aroma

In der großen Zucchinifamilie geht es bunt zu. Am weitesten sind bei uns die dunkelgrünen, länglichen Zucchini verbreitet. Aber das ist nur eine der vielen Varianten. Es gibt länglich geformt auch cremig-weiße, hellgrüne, gelbe und gesprenkelte Früchte, darüber hinaus auch kleine und größere kugelige Sorten. So vielfältig Formen und Farben auch sind, auf den Geschmack haben sie keinen Einfluss, denn der ist bei allen ähnlich. Roh gegessen haben kleine Zucchini ein leicht nussiges Aroma, ansonsten schmecken sie recht mild. Aber genau das macht sie in Kombination mit frischen Kräutern, Gewürzen, Käse, Fisch und Fleisch zum unglaublich vielseitigen Universalgemüse.

Minis und Blüten

Ihre unvergleichliche Zartheit und ihr intensiveres Aroma machen die Mini-Zucchini zu einer Spezialität. Von Hand geerntet sind sie 6–10 Zentimeter lang und wiegen zwischen 20 und 30 Gramm – ideal also für dekorative Vorspeisen und feine kleine Gerichte. Ihr Miniformat ergibt sich aus einer speziellen Sortenauswahl und Anbaumethode. Schön fürs Auge und eine besondere Delikatesse sind auch die essbaren leuchtend gelben Zucchiniblüten – mit einer dünnen, fingerlangen Frucht sind es die weiblichen, ohne Frucht die männlichen. Zucchiniblüten sollten so frisch wie möglich gegessen werden. Roh auf Salaten sehen sie äußerst dekorativ aus und kurz frittiert oder gefüllt sind sie ein kulinarischer Hochgenuss.

Selber züchten

Wer Lust hat, die eine oder andere Zucchinisorte und die essbaren Blüten aus dem eigenem Beet zu ernten, kann sich Samen aus dem großen Angebot im Gartencenter auswählen. Ab April können die Zucchini auf der Fensterbank vorgezogen und im Mai ausgepflanzt werden. Oder man sät Mitte April direkt ins Beet. Die wärmebedürftigen Pflanzen brauchen vor allem einen sonnigen Standort, einen nährstoffreichen Boden und Platz, um sich auszubreiten. Aufwändige Pflegearbeiten sind bei Zucchini nicht nötig, aber regelmäßiges Gießen. Geerntet werden die Früchte zwischen Juli und September – am besten, wenn sie jung und knackig sind.

Zucchinisorten

Blüten mit Frucht

Zucchini schneiden

Zucchini einkaufen und vorbereiten

Gut für den Body Nicht nur der Gaumen hat seine Freude an diesem Gemüse, auch für die Gesundheit ist es zu empfehlen. Vor allem, wenn Zucchini ungeschält zubereitet werden, denn in und unter der Schale stecken die meisten Inhaltsstoffe: Vitamine wie Carotinoide (eine Vorstufe von Vitamin A) und Vitamin C mobilisieren die Abwehrkräfte. Wichtige Mineralstoffe und Spurenelemente wie Kalium, Phosphor und Eisen sorgen zusätzlich für Wohlbefinden. Milde Bitterstoffe und Ballaststoffe regen die Verdauung an. Zucchini sind besonders gut bekömmlich, leicht verdaulich und mit nur 19 Kalorien pro 100 Gramm ausgesprochene Leichtgewichte.

Beim Einkauf Zucchini sollten – unabhängig von der Sorte – festes Fruchtfleisch haben und eine matt glänzende Schale, die unversehrt und ohne Flecken ist. Der Stielansatz darf nicht angetrocknet sein. Besonders aromatisch sind die kleinen knackigen Exemplare mit einem Gewicht von 120–150 Gramm. Sehr große Zucchini dagegen haben wenig Geschmack, viele Kerne und oft eine schwammige Konsistenz. Frisch zubereitet schmecken Zucchini am besten, man kann sie aber bis zu einer Woche im Gemüsefach des Kühlschranks aufbewahren.

Mengenlehre Gut zu wissen, wenn Sie Zucchini pur für die Familie oder Gäste zubereiten wollen: Pro Person brauchen Sie für eine Suppeneinlage 50 Gramm, als Beilage 200 Gramm. Für eine Rohkost rechnet man 100–150 Gramm Gemüse, als Hauptgericht 300 Gramm. Alle Angaben gelten für geputzte Zucchini. Da es bei ihnen aber kaum Abfall gibt, können Sie die Mengen im Prinzip 1:1 einkaufen.

Schnittige Formen So abwechslungsreich lassen sich Zucchini schneiden: Schräge, ½ oder 1 cm dicke Scheiben eignen sich bestens zum Braten und Frittieren. Lange und dünne Streifen lassen sich gut dünsten, z. B. für Nudelgerichte. Kleine und große Kugeln sind witzig-appetitliche Suppeneinlagen. Hauchdünne Scheiben eignen sich ideal für Chips oder zum Roh-Knabbern, kleine Würfel zum Dünsten und Braten. Besonders dekorativ zum Braten und Grillen sehen längliche Scheiben aus.

Auberginen – Lust auf lila Leckerbissen

Die Reize dieser Schöngefärbten aus dem Süden muss man erst entdecken, dann überrascht sie mit wunderbarem Geschmack.

Große Vielfalt

Obwohl wir uns unter auberginenfarben sofort ein dunkles Purpur vorstellen, war die Schale der ersten Auberginen aus Indien, Ostasien und dem Orient weiß bis lindgrün. Außerdem waren die Früchte auch viel kleiner als die heute weit verbreiteten Verwandten – ihr englischer Name *eggplant* (Eierpflanze) beschreibt exakt die Größe. Auberginen haben – unabhängig vom Äußeren – immer weißes Fruchtfleisch, dessen unvergleichliches Aroma sich erst durchs Garen erschließt. Botanisch gehören die Früchte übrigens zu den Nachtschattengewächsen, und sind somit verwandt mit Tomaten, Paprikaschoten und Kartoffeln.

Auf unseren Märkten

Bei den in Europa angebauten Auberginen ist die Formenvielfalt zwar groß, finden wird man bei uns auf den Märkten und in den Läden aber nur wenige Arten. Die meistverkaufte ist die klassische keulenförmige Aubergine. Mal mit durchgängig violetter Haut, mal mit hellen oder grünen graffitiartigen Streifen. Selten gibt es die durch und durch sahneweiße Variante zu kaufen. Zu den Spezialitäten zählt auch die schlankere und längere türkische Aubergine. Sie ist violett und hat einen Durchmesser von nur etwa fünf Zentimetern. Auch lila Auberginen gibt es im Mini-Format. In rundlicher oder keulenartiger Form sind sie intensiver im Geschmack und haben wegen ihrer Zartheit eine etwas kürzere Garzeit als ihre großen Verwandten. Die Minis sind natürlich ein optischer Hingucker, zum Beispiel halbiert oder geviertelt in Salaten und für Snacks.

Asiatische Auberginen

In Asien und ganz besonders in Thailand gibt es ein gigantisches und farbenfrohes Angebot an Auberginen. Bei uns in den Asienläden ist die Auswahl natürlich etwas kleiner, aber immer noch erfreulich vielfältig. Die Früchte präsentieren sich hier von ihrer zierlichen Seite: Von erbsen- bis golfballgroß gibt es sie, kugelig, länglich, keulen- und tropfenförmig. Sie sind weiß, gelb, grün oder leuchtend violett mit hellen Streifen. Für Freunde der Asia-Küche gut zu wissen: Asiatische Auberginen werden beim Garen in der Regel nicht so weich wie die europäischen, behalten meist einen knackigen Biss. Am Anfang mag auch ihr leicht bitteres Aroma für manche etwas gewöhnungsbedürftig sein, aber schon bald werden es die Genießer lieben.

Weder unreif noch roh essen!

Unreife Früchte enthalten die natürliche Substanz Solanin, die Darmprobleme verursachen kann. Also auf Nummer sicher gehen und nur reife Auberginen verzehren! Auch roh sollten Sie Auberginen besser nicht essen, ihr watteartiges Fruchtfleisch schmeckt nach nichts und fühlt sich außerdem im Mund unangenehm an. Erst durch das Garen entwickelt sich das feine und typische Aroma.

Auberginensorten

Asiatische Auberginen

Auberginen schneiden

Was man sonst noch wissen sollte

Einkaufen und aufbewahren Reife Auberginen erkennen Sie daran, dass die Schale nicht mehr wie auf Hochglanz poliert aussieht, sondern leicht matt wirkt. Die Früchte sollen prall sein, aber auf Druck etwas nachgeben, Stielansatz und Blattkelch saftig grün aussehen. Kaufen Sie nur so viele Auberginen ein, wie Sie in den nächsten vier bis fünf Tagen zubereiten möchten. Bis dahin kühl, aber nicht im Kühlschrank aufbewahren.

Kaum noch Bitterstoffe Vergessen Sie den Tipp, Auberginen vor der Zubereitung einzusalzen, um ihnen damit den leicht bitteren Geschmack zu nehmen! Das war einmal. Die europäischen Gemüsezüchter sind dem vielfachen Wunsch ihrer Kunden gefolgt und bauen inzwischen Auberginensorten an, die kaum noch Bitterstoffe enthalten.

Gutes in der Schale Die lilafarbenen Früchte haben gesundheitlich gesehen die Nase vorn. Denn wichtige Inhaltsstoffe stecken in und unter ihrer dunklen Schale. Nämlich jede Menge bioaktive Substanzen wie die natürlichen Pflanzenfarbstoffe. Diese können Entzündungen hemmen sowie vor Infektionen und freien Radikalen schützen.

Mengenlehre Gut zu wissen, wenn Sie Auberginen pur zubereiten wollen: pro Person rechnet man als Beilage 200 Gramm, für einen Salat 100–150 Gramm und als Hauptgericht 300 Gramm Gemüse. Alle Angaben gelten für geputzte Früchte. Mengenmäßig müssen Sie rund 15 Prozent mehr einkaufen – als Anteil für den Abfall beim Putzen.

Gut abschneiden Schräge, knapp 1 cm dicke Scheiben zum Braten, Grillen und Frittieren. Dicke und kurze Streifen zum Dünsten. Hauchdünne Scheiben für herzhafte Chips. Kleine und größere Würfel zum Braten und Dünsten. Längliche Scheiben vor allem zum Braten und Grillen.

Fett-Phänomen Auberginen brauchen Fett, um ihr Aroma zur Geltung zu bringen. Beim Anbraten saugen sie das ganze Fett wie ein Schwamm auf. Jetzt ist Geduld ganz wichtig – denn sobald die Auberginen gar sind, geben sie einen Großteil des Fettes wieder ab.

Butter

Petersilie

Knoblauch

Basilikum

Olivenöl

Ingwer

Sojasauce

Kreuzkümmel

Minze

Perfekte Begleiter aus aller Welt – die Aromen

Zucchini und Auberginen haben zwar einen eher dezenten Eigengeschmack, doch kombiniert mit den richtigen Aromen präsentieren sie sich wunderbar würzig – und international!

Butter wird hierzulande gerne zum Dünsten verwendet. Verleiht sie doch herzhaften Speisen eine unvergleichliche Note. Kenner nehmen Süßrahmbutter, um mit ihrem feinen, sahnigen Geschmack vor allem das Aroma von zartem Gemüse zu unterstreichen.

Petersilie, ob glatte oder krause, ist in unserer heimischen Küche das beliebteste Kraut. Die glatte ist aromatischer im Geschmack, die krause dafür robuster. Beide geben mit ihrer Würze kleinen wie sättigenden Gemüsegerichten eine schöne Frische und den letzten Kick.

Knoblauch wird in Mittelmeerländern wirkungsvoll zur Aroma-Stärkung für milde Gemüse mitgebraten oder mitgeschmort. Die Knoblauchknolle sollte frisch sein, die Zehen also noch keine grünen Triebe in der Mitte haben.

Olivenöl, ein gutes kalt gepresstes, wirkt schon in kleinen Mengen wie ein hocharomatisches Gewürz – bei kalten wie bei warme Speisen. Mit Olivenöl bekommen Zucchini und Auberginen sofort den typisch südlichen Touch.

Basilikum wird in der Küche der Mittelmeerländer ebenso häufig verwendet wie in der asiatischen. Es gibt eine Menge verschiedener Sorten, die ein unterschiedlich intensives, aber alle ein leicht süßlich und gleichzeitig pfeffriges Aroma haben. Deshalb ist frisches Basilikum geradezu ideal als Begleiter für Auberginen und Zucchini.

Ingwer gehört zu den urtypischen Gewürzen Asiens. Leicht scharf und gleichzeitig zitrusfrisch im Geschmack peppt er Gemüsezubereitungen auf – ob Vorspeise, Snack oder Hauptgericht. Frische Ingwerknollen haben am meisten Aroma, wenn sie prall sind und ihre hellbraune Schale seidig glänzt.

Sojasauce, die Würze aus mit Getreide vergorenen Sojabohnen, ist unentbehrlicher Bestandteil vieler fernöstlicher Speisen. Für Gemüse mit Asia-Flair ist die helle chinesische zu empfehlen, da sie Farben und Eigengeschmack der Zutaten besonders gut zur Geltung bringt. Eine dunkle Sojasauce wäre dafür im Aroma zu intensiv.

Kreuzkümmel, auch als Cumin bekannt, hat ein scharf-würziges, und damit völlig anderes Aroma als unser Kümmel. Kreuzkümmel gibt es im Ganzen als Samen oder gemahlen zu kaufen. Als Basis-Gewürz der orientalischen Küche verleiht er den Speisen eine besondere Raffinesse.

Minze wird bei uns fast nur für Tee verwendet. In der Küche des Orients dagegen werden viele Gerichte mit frischer Minze gewürzt. Ihr frischer und würziger Geschmack hebt auch den Geschmack von Auberginen und Zucchini auf raffinierte Weise – Minze ist immer eine Bereicherung.

Vorspeisen & Suppen

Was Kleines und Raffiniertes vorweg, das ist so ganz nach meinem Geschmack. Wie diese kräuterwürzigen Zucchini, die ich mal als Menü-Start oder mal als Vorspeise für ein Büfett zubereite. Schmecken auch gemischt mit Auberginen prima. Probieren Sie's aus!

Marinierte Kräuter-Zucchini

400 g grüne Mini-Zucchini
(ersatzweise kleine schlanke Zucchini)
5 EL Olivenöl
Salz | Pfeffer
3 EL Weißweinessig oder frisch gepresster Zitronensaft
2 EL fein gehackte Petersilie
3 EL fein gehacktes Basilikum
Kräuterblättchen zum Garnieren

Für 4 Personen
◎ 20 Min. Zubereitung | 30 Min. Marinieren
Pro Portion ca. 155 kcal, 1 g EW, 15 g F, 3 g KH

1 Mini-Zucchini waschen, die Enden abschneiden und die Früchte der Länge nach halbieren. (Andere Zucchini in fingerdicke Stifte schneiden.) 4 EL Öl in einer Pfanne erhitzen, Zucchini darin 4 Min. bei mittlerer Hitze unter gelegentlichem Wenden bissfest braten. Aus dem Öl heben und in eine flache Schüssel füllen. Salzen und pfeffern.

2 2 EL Essig oder Zitronensaft in die Pfanne gießen und mit dem Bratöl aufkochen lassen. Über die Zucchini gießen. Restliches Öl, Petersilie und Basilikum unter das Gemüse mischen. Zugedeckt 30 Min. oder länger ziehen lassen, dabei ab und an wenden.

3 Zum Servieren die marinierten Zucchini mit Salz, Pfeffer und übrigem Essig oder Zitronensaft abschmecken. Mit Kräuterblättchen bestreuen.

TIPP – FÜR MEHR FARBE

Grüne und gelbe Zucchini mischen. Am besten kleine und feste Früchte nehmen.

AUSTAUSCH-TIPP

Kleine Auberginenscheiben auf diese Weise marinieren.

Klassiker auf neue Art

Mit Auberginencreme gefüllte Tomaten

450 g schlanke Auberginen
2 EL Zitronensaft
1 kleine Knoblauchzehe
1 EL Olivenöl
40 g gemahlene Walnusskerne
2 EL fein gehackte Petersilie
Salz | Pfeffer | edelsüßes Paprikapulver
12 kleine Tomaten (à ca. 40 g)

Für 4 Personen
25 Min. Zubereitung | 25 Min. Backen
Pro Portion ca. 120 kcal, 3 g EW, 9 g F, 5 g KH

1 Backofen auf 250° vorheizen. Auberginen waschen und mit einer Gabel mehrmals einstechen. Auf ein mit Alufolie ausgelegtes Backblech legen. Im vorgeheizten Backofen (Mitte, Umluft 220°) etwa 20–25 Min. backen, bis sie sich weich anfühlen. Aus dem Ofen nehmen und etwas abkühlen lassen.

2 Auberginen längs halbieren. Das Fruchtfleisch mit einem Löffel auslösen, grob zerschneiden und mit 1 EL Zitronensaft vermischen. Mit einer Gabel fein zerdrücken. Knoblauch schälen und durch die Presse dazudrücken. Öl, Nüsse und Petersilie unter die Creme rühren. Mit Salz, Pfeffer, Paprika und übrigem Zitronensaft kräftig abschmecken. Bis zum Servieren zugedeckt kühl stellen.

3 Tomaten waschen, abtrocknen und jeweils einen Deckel abschneiden. Das Innere der Tomaten mit einem Teelöffel vorsichtig aushöhlen. Die Tomaten mit der Auberginencreme füllen und die Tomatendeckel wieder aufsetzen.

griechisch inspiriert

Bratgemüse mit Kartoffel-Mandel-Creme

300 g mehlig kochende Kartoffeln
300 g schlanke Auberginen
300 g Zucchini
Salz | Pfeffer
50 g fein gemahlene Mandeln
4 EL Olivenöl | 4 EL Gemüsebrühe
1 EL frisch gepresster Zitronensaft
3–5 Knoblauchzehen
½ Bund Petersilie
3 EL Mehl | Olivenöl zum Braten

Für 4 Personen | 45 Min. Zubereitung
Pro Portion ca. 420 kcal, 6 g EW, 35 g F, 19 g KH

1 Kartoffeln mit der Schale in 25–30 Min. weich kochen. Inzwischen Auberginen und Zucchini waschen, putzen und der Länge nach in 2 mm dünne Scheiben schneiden. Mit Salz bestreuen und 20 Min. ziehen lassen.

2 Kartoffeln etwas abkühlen lassen, pellen und zerstampfen. Mandeln, Öl, Brühe und Zitronensaft zufügen. Knoblauch schälen und durch die Presse dazudrücken. Kartoffelcreme mit Salz und etwas Pfeffer abschmecken. Mit einem Hauch Pfeffer übermahlen und zugedeckt kalt stellen.

3 Petersilie waschen und trockentupfen. Gemüsestreifen unter kaltem Wasser abbrausen. Gut trockentupfen, leicht salzen und pfeffern und in Mehl wenden. Anschließend portionsweise mit der Petersilie (mit Stängel) im heißen Öl 3–4 Min. goldbraun braten. Abtropfen lassen. Mit der Kartoffelcreme servieren.

links: Mit Auberginencreme gefüllte Tomaten | rechts: Bratgemüse mit Kartoffel-Mandel-Creme

1

2

3

4

5

edel & mild

Gefüllte Zucchini-Blüten

Die zarteste Versuchung, die Gemüsehändler im Sommer zu bieten haben, sind die leuchtend gelben Blüten. Schöner kann man Zucchini nicht servieren.

1 mehlig kochende Kartoffel (ca. 100 g)
12 große Zucchini-Blüten mit Fruchtansatz
1 Stück Zucchino (ca. 100 g)
3 EL Olivenöl
50 g frisch geriebener Parmesan
150 g weicher Ricotta (ersatzweise Frischkäse)
Salz | weißer Pfeffer
1 Bio-Zitrone
Basilikumblättchen zum Garnieren

Für 4 Personen | 55 Min. Zubereitung
Pro Portion ca. 230 kcal, 11 g EW, 17 g F, 7 g KH

1 Für die Füllung die Kartoffel mit Schale in etwa 25 Min. garen.

2 Die Zucchini-Blüten behutsam waschen und trockentupfen. Blütenkelche vorsichtig öffnen und die Blütenstempel mit den Staubgefäßen abknipsen, ohne die Blüten zu verletzen (Bild 1).

3 Das Zucchinostück waschen, fein raspeln und in 1 EL heißem Öl 1–2 Min. andünsten. Kartoffel kalt abschrecken, pellen und zerstampfen. Mit den Zucchiniraspel und beiden Käsesorten vermischen. Die Füllung mit Salz und Pfeffer abschmecken. Einen Dämpfeinsatz mit etwas Olivenöl auspinseln.

4 Füllung in einen Spritzbeutel mit großer Tülle geben und in die Blüten spritzen oder mit einem Teelöffel in die Blüten füllen (Bild 2).

5 Die Blüten durch Zusammendrehen der Spitzen wieder verschließen (Bild 3). Nebeneinander in den Dämpfeinsatz legen (Bild 4).

6 Zitrone heiß waschen, halbieren und eine Hälfte in dünne Scheiben schneiden. Zitronenscheiben mit ½ l Wasser in einen Topf geben. Siebaufsatz obenauf stellen, das Wasser aufkochen lassen. Die Zucchiniblüten zugedeckt bei mittlerer Hitze 12–14 Min. dämpfen.

7 Inzwischen die zweite Zitronenhälfte auspressen. 3 EL Saft mit dem restlichen Öl und 1 Prise Salz kräftig zu einer Sauce verschlagen.

8 Je drei gefüllte Zucchini-Blüten auf vorgewärmten Tellern anrichten und mit der Sauce hauchdünn bepinseln. Mit Basilikumblättchen garniert servieren.

UND DAZU?

Knuspriges Ciabatta-Brot und als Getränk ein gekühlter Rosé.

GAR-TIPP

Sie können die gefüllten Zucchini-Blüten auch im Backofen garen. Dafür eine Gratinform mit Öl oder weicher Butter ausfetten. Die Blüten nebeneinander hineinlegen und für etwa 15 Min. in die Mitte des 180° heißen Ofens stellen.

idealer Snack

Knusprige Zucchinirollen

Frühlingsrollen einmal ganz anders. Die knusprigen Päckchen werden nicht frittiert, sondern im Ofen kross gebacken. Köstlich!

8 TK-Frühlingsrollen-Teigblätter (à 25 x 25 cm) | ½ Bund Koriandergrün | 1 Knoblauchzehe | 1 Stück Ingwer (ca. 2 cm) | 400 g schlanke feste Zucchini | 3 EL Sonnenblumenöl | 2 TL Sesamöl | 200–250 g Schafkäse (Feta) | Salz | Pfeffer | 1 Ei | Sweet-Chili-Sauce zum Dippen

Für 4 Personen
20 Min. Zubereitung | 12 Min. Backen
Pro Portion ca. 340 kcal, 16 g EW, 25 g F, 13 g KH

1 Frühlingsrollen-Teigblätter mit einem feuchten Tuch bedecken und auftauen lassen. Koriander waschen, trockenschütteln und die Blättchen abzupfen. Knoblauch und Ingwer schälen, möglichst fein würfeln. Den Backofen auf 200° vorheizen.

2 Zucchini waschen und putzen. Zuerst quer halbieren, dann die Hälften längs vierteln. 2½ EL Sonnenblumenöl mit dem Sesamöl erhitzen, Zucchini, Knoblauch und Ingwer darin 2 Min. bei mittlerer Hitze anbraten. Etwas abkühlen lassen.

3 Schafkäse längs in acht gleich große Stücke schneiden. Die Teigblätter zur Hälfte zusammenklappen. Jeweils am schmalen unteren Ende mit Zucchini-Knoblauch-Ingwer-Mischung und Käse belegen. Salzen, pfeffern, mit Koriander bestreuen. Teigblätter aufrollen, die Seiten bleiben offen.

4 Das Ei trennen. Eiweiß verquirlen, die äußeren Teigränder damit bestreichen, an der Rolle festdrücken. Eigelb und übriges Öl verrühren, Zucchinirollen damit bepinseln. Im vorgeheizten Ofen (Mitte, Umluft 180°) in 12 Min. goldbraun backen. Mit Sweet-Chili-Sauce zum Dippen servieren.

machen schnell was her

Auberginen auf Paprika-Nuss-Sauce

50 g Weißbrot vom Vortag | 100 g in Öl eingelegte rote Paprikaschoten | 2 Knoblauchzehen | 2 EL gemahlene Haselnüsse | Salz | 1 TL Harissa (Chilipaste) | 1 TL Zitronensaft | 500 g Auberginen | 2 EL frische Dillspitzen

Für 4 Personen | 30 Min. Zubereitung
Pro Portion ca. 200 kcal, 9 g EW, 6 g F, 31 g KH

1 Das Weißbrot in Wasser einweichen. Paprikaschoten abtropfen lassen, das Öl auffangen. Knoblauchzehen schälen, würfeln. Brot gut ausdrücken, mit Paprikaschoten und Knoblauch pürieren. Nüsse, 1 EL Öl und 2 EL Wasser unterrühren. Die Sauce mit Salz, Harissa und Zitronensaft abschmecken.

2 Auberginen waschen, putzen und würfeln. 3 EL Paprika-Öl erhitzen, Auberginen darin 5 Min. goldbraun braten. Herausheben, abtropfen lassen und mit Dillspitzen mischen. Auf der Sauce anrichten.

auch als Beilage

Zucchini-Gorgonzola-Creme

400 g Zucchini | 3 EL Olivenöl | 50 g Gorgonzola | 250 g Schafmilch- oder Sahnejoghurt | 1 Knoblauchzehe | 3 Stängel Dill | 2 TL rosa Pfefferkörner | Salz

Für 4 Personen | 20 Min. Zubereitung
Pro Portion ca. 225 kcal, 4 g EW, 13 g F, 3 g KH

1 Zucchini waschen, putzen und grob raspeln. 2 EL Öl erhitzen, die Hälfte der Zucchini darin bei mittlerer Hitze 2 Min. goldbraun braten. Auf Küchenpapier entfetten. Gorgonzola mit einer Gabel fein zerdrücken, mit dem Joghurt verrühren. Rohe und gebratene Zucchini mit dem Joghurt vermischen. Knoblauch schälen, durch die Presse dazudrücken.

2 Dill waschen, trockenschütteln und bis auf einige Spitzen fein hacken. Dill, Pfefferkörner und restliches Öl unter die Creme rühren. Mit Salz abschmecken und mit Dillspitzen garniert servieren.

leicht & mild

Gelbe Zucchinisuppe mit Safran

500 g gelbe Zucchini
½ Kohlrabi (ca. 180 g)
1 Schalotte
1 Döschen Safran (0,2 g)
2 EL Olivenöl
Meersalz | weißer Pfeffer
750 ml kräftige Hühner- oder Gemüsebrühe
Schale und Saft von ½ Bio-Zitrone
1 gestrichener EL Creme fraîche
einige Paprikaflocken zum Garnieren
(türkisches Lebensmittelgeschäft)

Für 4 Personen | 30 Min. Zubereitung
Pro Portion ca. 115 kcal, 4 g EW, 8 g F, 6 g KH

1 Zucchini waschen und putzen, Kohlrabi putzen und schälen. Beides klein würfeln. Schalotte schälen und in möglichst kleine Würfel schneiden. Safran zerreiben, mit 4 EL heißem Wasser verrühren.

2 Öl in einem Topf erhitzen, Zucchini, Kohlrabi und Schalotte darin bei mittlerer Hitze 3 Min. andünsten, ohne dass sie braun werden. Salzen und pfeffern. Angerührten Safran und die Brühe dazugießen.

3 Suppe aufkochen, zugedeckt bei kleiner Hitze 10–12 Min. köcheln lassen, bis das Gemüse gerade gar ist. Mit Salz, Pfeffer, Zitronensaft und -schale leicht säuerlich abschmecken. Creme fraîche glatt rühren, davon kleine Tupfen auf die Suppe setzen und mit Paprikaflocken bestreuen.

gelingt leicht

Zucchinicremesuppe mit Zimtcroûtons

600 g schlanke Zucchini
1 EL frisch gepresster Zitronensaft
3 Frühlingszwiebeln
6 Stängel Petersilie
3 EL Butter
Salz | Pfeffer
600 ml Gemüsebrühe
2 Scheiben Toastbrot
¼ TL gemahlener Zimt
100 g Sahne
frisch geriebene Muskatnuss

Für 4 Personen | 30 Min. Zubereitung
Pro Portion ca. 220 kcal, 4 g EW, 17 g F, 12 g KH

1 Zucchini waschen, putzen, 50 g fein raspeln und mit Zitronensaft vermischen. Übrige Zucchini würfeln. Frühlingszwiebeln waschen, putzen und in Ringe schneiden. Petersilie waschen, trockenschütteln, Blätter abzupfen, die Stiele klein schneiden.

2 2 EL Butter erhitzen. Zucchiniwürfel, Frühlingszwiebeln, Petersilienstiele und Petersilienblätter, bis auf einige zum Garnieren, darin bei kleiner Hitze 2 Min. andünsten. Salzen, pfeffern und die Brühe angießen. Zugedeckt 20 Min. köcheln lassen.

3 Toastbrot entrinden und in kleine Dreiecke schneiden. 1 EL Butter erhitzen, das Brot darin rundherum in 3–5 Min. goldbraun braten. Mit Zimt bestäuben. Die Suppe mit dem Pürierstab pürieren, Sahne und Zucchiniraspel unterrühren. Mit Salz, Pfeffer und wenig Muskatnuss abschmecken. Mit Zimtcroûtons und übrigen Petersilienblättchen garnieren.

oben: Zucchinicremesuppe mit Zimtcroûtons | unten: Gelbe Zucchinisuppe mit Safran

würzig & raffiniert

Auberginen-Sesam-Suppe

400 g schlanke Auberginen
3 EL Olivenöl
Salz | Pfeffer
1 Zwiebel
1 Knoblauchzehe
150 g Rinderhackfleisch
250 g stückige Tomaten (Tetrapack)
400 ml Gemüsebrühe
1 TL Harissa (Chilipaste)
100 ml Milch
2 TL Sesampaste (Tahin)

Für 4 Personen | 40 Min. Zubereitung
Pro Portion ca. 240 kcal, 12 g EW, 18 g F, 8 g KH

1 Auberginen waschen, putzen und in kleine Würfel schneiden. Das Öl erhitzen, die Auberginen darin bei mittlerer Hitze 3–4 Min. anbraten, salzen und pfeffern. Herausheben. Zwiebel und Knoblauch schälen und klein würfeln. Mit dem Hackfleisch im verbliebenen Bratöl in 5 Min. bei mittlerer Hitze braun braten.

2 Auberginen, Tomatenstücke, Brühe und ½ TL Harissa unter das Hackfleisch mischen. Die Suppe aufkochen und zugedeckt bei kleiner Hitze 15 Min. köcheln lassen. Mit Salz und nach Belieben dem übrigen Harissa abschmecken.

3 Milch mit der Sesampaste und 1 Msp. Salz verrühren. Heiß werden lassen und schaumig aufmixen. Die Auberginensuppe in Teller füllen und den Sesamschaum mit einem Löffel dekorativ darüber verteilen.

für Gäste und Feste

Kalte Zucchinisuppe mit Lachs

400 g schlanke Zucchini
2 zarte Stangen Staudensellerie (ca. 150 g)
2 Frühlingszwiebeln
1 Bund Petersilie
500 g Vollmilchjoghurt
Saft von 1 Limette
100 g Sahne
Salz | Pfeffer
einige Tropfen Tabasco
100–150 g Graved- oder Räucher-Lachs am Stück

Für 4 Personen
30 Min. Zubereitung | 2 Std. Kühlen
Pro Portion ca. 290 kcal, 17 g EW, 20 g F, 9 g KH

1 Zucchini, Staudensellerie und Frühlingszwiebeln waschen und putzen, Zucchini bis auf 100 g raspeln. Sellerie und Frühlingszwiebeln möglichst klein schneiden. Petersilie waschen, trockenschütteln, die Blättchen fein hacken.

2 Zucchiniraspel mit Sellerie, Frühlingszwiebeln, Petersilie, Joghurt und 3 EL Limettensaft fein pürieren. Die Sahne untermischen. Suppe mit Salz, Pfeffer, Tabasco und restlichem Limettensaft abschmecken. Zugedeckt im Kühlschrank in etwa 2 Std. kalt werden lassen.

3 Zum Servieren den Lachs in kurze, dicke Streifen schneiden und das restliche Zucchinistück klein würfeln. Suppe noch mal abschmecken, in Teller füllen. Zucchiniwürfel und Lachsstreifen vermischen und in der Mitte der Suppe anrichten.

oben: Kalte Zucchinisuppe mit Lachs | unten: Auberginen-Sesam-Suppe

Salate & Snacks

Leicht und erfrischend soll es sein? Da kann ich Ihnen meinen Nummer-1-Salat für den Sommer empfehlen! Mit knackigem Gemüse, würzigen Kräutern und zitronenfrischem Aroma. Und je nach Stimmung schmecke ich ihn orientalisch oder mediterran ab. Wunderbar – ein wahres Fest für die Augen und den Gaumen.

Schichtsalat mit Zucchini

150 g Instant-Couscous
300 ml Gemüsebrühe
5–7 EL frisch gepresster Zitronensaft
4 EL Olivenöl
½ TL gemahlener Kreuzkümmel
Salz | Pfeffer
400 g schlanke Zucchini
250 g Tomaten
2 Zweige Minze oder Dill

Für 4 Personen | 30 Min. Zubereitung
Pro Portion ca. 270 kcal, 6 g EW, 14 g F, 30 g KH

1 Couscous in eine Schüssel geben. Die Brühe aufkochen lassen, 4 EL Zitronensaft, 1 EL Öl, Kreuzkümmel, etwas Salz und Pfeffer einrühren. Kochende Würzbrühe über den Couscous gießen, quellen lassen.

2 Inzwischen Zucchini und Tomaten waschen, putzen und getrennt voneinander in kleine Würfel schneiden. Zucchini mit 2 EL Öl, 1 EL Zitronensaft, Salz und Pfeffer würzen, Tomaten mit 1 EL Öl, Salz und Pfeffer würzen. Minze oder Dill waschen und fein hacken.

3 Couscous auflockern und die gehackten Kräuter unterrühren. Mit Salz, Pfeffer und dem restlichen Zitronensaft leicht säuerlich abschmecken. Couscous abwechselnd mit Zucchini- und Tomatenwürfeln in vier große Bechergläser oder eine größere Glasschüssel schichten.

AUSTAUSCH-TIPP
Keine Minze und keinen Dill bekommen? Dann bringen auch Koriandergrün oder Petersilie dem Couscous eine kräuter-würzige Note.

raffiniert

Salat aus Grillgemüse

Das Grillaroma gibt dem Salat den besonderen Kick. Und natürlich auch die mediterranen Zutaten. Damit holen Sie sich die Fülle des Südens auf den Tisch.

2–3 schlanke türkische Auberginen
600 g kleine feste Zucchini
6 EL Olivenöl
Salz | schwarzer Pfeffer aus der Mühle
1 EL Pinienkerne
1 Bund Rucola
200 g kleine Kirschtomaten
50 g Parmesan am Stück
2 EL Rotweinessig
1–2 EL kleine Basilikumblättchen

Für 4 Personen | 35 Min. Zubereitung
Pro Portion ca. 275 kcal, 9 g EW, 23 g F, 7 g KH

1 Die Auberginen und Zucchini waschen, putzen und quer in 5 mm dünne Scheiben schneiden. In 4 EL Öl wenden.

2 Den Grill oder die Grillpfanne heiß werden lassen. Die Gemüsescheiben bei mittlerer Hitze von beiden Seiten in 5–6 Min. hellbraun garen. Gemüse auf Küchenpapier abtropfen lassen. Leicht salzen und pfeffern.

3 Die Pinienkerne in einer Pfanne ohne Fett unter Rühren goldgelb rösten. Rucola waschen, putzen, dicke Stiele abschneiden. Tomaten waschen, quer halbieren. Parmesan in dünne Scheiben hobeln, zum Beispiel mit dem Sparschäler.

4 Den Essig mit Salz, Pfeffer und restlichem Öl zu einer Marinade aufschlagen. Mit Auberginen, Zucchini, Tomaten, Rucola, Pinienkernen, Parmesan und Basilikum behutsam vermengen. Den Salat abschmecken und vor dem Servieren noch einige Minuten durchziehen lassen.

UND DAZU?

Servieren Sie den Salat mit warmem Ciabattabrot und wer Lust hat, zusätzlich mit Parmaschinken.

TIPP – NOCH MEHR GEMÜSE

Wer will, grillt zusätzlich noch 2 in mundgerechte Stücke geschnittene gelbe Paprikaschoten mit. Dann die Mengen für die Salatmarinade um die Hälfte erhöhen.

KOCH-TIPP

Wer die Auberginen- und Zucchinischeiben nicht grillen will, kann sie stattdessen braten. Dafür die Gemüsescheiben portionsweise in einer großen Pfanne im heißen Öl von beiden Seiten goldbraun braten. Auf einer dicken Schicht Küchenpapier entfetten.

SCHNEIDE-TIPP

Sie können die Zucchini auch erst quer halbieren und die Hälften dann längs in Scheiben schneiden.

asiatisch gewürzt

Zucchini-Hack-Salat

100 g Glasnudeln
2 Schalotten
1–2 kleine frische rote Chilischoten
500 g grüne und gelbe Zucchini
3 EL Öl
200 g gemischtes Hackfleisch
4 EL helle Sojasauce
3–5 EL frisch gepresster Limetten- oder Zitronensaft
Salz | Zucker
4–5 grüne Salatblätter
1 Hand voll Thai-Basilikum

Für 4 Personen | 30 Min. Zubereitung
Pro Portion ca. 325 kcal, 12 g EW, 22 g F, 17 g KH

1 Glasnudeln in einer Schüssel mit reichlich kochendem Wasser übergießen. Schalotten schälen und klein würfeln. Chilischoten waschen, putzen und längs halbieren. Die Kerne entfernen, die Schoten in sehr dünne Streifen schneiden. Zucchini waschen und putzen. Zuerst längs vierteln, dann in dünne Scheiben schneiden.

2 Öl in einer Pfanne erhitzen. Hackfleisch, Schalotten und Chilischoten darin bei mittlerer Hitze 6 Min. braten, bis das Hackfleisch braun und krümelig ist. Glasnudeln abtropfen lassen und mit einer Schere kürzer schneiden. Hackfleisch mit Glasnudeln und Zucchini vermischen.

3 Den Salat mit Sojasauce, 3–5 EL Limetten- oder Zitronensaft, Salz und 1 Prise Zucker leicht säuerlich abschmecken. Auf den Salatblättern anrichten und mit Basilikumblättchen bestreut servieren.

mild-aromatisch

Auberginen-Tuna-Salat

2 Eier (Größe M)
500 g Auberginen
1 rote Zwiebel
1 Knoblauchzehe
4 EL Olivenöl | Salz | Pfeffer
1 Dose Tunfisch im eigenen Saft (150 g Abtropfgewicht)
50 g grüne entsteinte Oliven
1 rote Paprikaschote
2 Stangen Staudensellerie
3 EL Weinessig

Für 4 Personen | 35 Min. Zubereitung
Pro Portion ca. 290 kcal, 14 g EW, 23 g F, 7 g KH

1 Die Eier in ca. 10. Min. hart kochen. Auberginen waschen, putzen und in nicht zu kleine Würfel schneiden. Zwiebel und Knoblauch schälen. Zwiebel achteln, die einzelnen Schichten auseinander zupfen, den Knoblauch vierteln.

2 Öl in einer Pfanne erhitzen. Auberginen, Zwiebel und Knoblauch darin bei mittlerer Hitze 6–8 Min. braten, bis die Auberginen goldbraun sind. Salzen und pfeffern.

3 Tunfisch abtropfen lassen, in große Stücke teilen. Oliven halbieren. Paprikaschote putzen, waschen und in feine kurze Streifen schneiden. Staudensellerie waschen, in dünne Scheiben schneiden. Alles mit der Auberginen-Zwiebel-Mischung vermengen.

4 Den Auberginensalat mit Essig, Salz und Pfeffer abschmecken. Die Eier abschrecken, pellen, vierteln und auf dem Salat verteilen.

oben: Zucchini-Hack-Salat | unten: Auberginen-Tuna-Salat

orientalisch inspiriert

Gefüllte Auberginen-Häppchen

Die knusprigen Taler begeistern nicht nur als Snack, sie sind auch als Fingerfood eine Überraschung zum Aperitif. Egal, ob zu Cocktails, Sekt oder Wein.

2 schlanke Auberginen (à ca. 250 g)
Salz
3 Stängel Minze
200 g rohes Bratwurstbrät
1 TL Sesamöl
½ TL gemahlener Kreuzkümmel
1 Msp. gemahlener Zimt
3½ EL Mehl
2 Eier (Größe M)
Öl zum Frittieren
3–4 grüne Salatblätter

Für 4 Personen
30 Min. Zubereitung | 30 Min. Ruhen
Pro Portion ca. 365 kcal, 11 g EW, 31 g F, 10 g KH

1 Die Auberginen schälen, putzen und quer in ½ cm dicke Scheiben schneiden. In einer Schüssel mit 2 TL Salz vermischen und 30 Min. ruhen lassen.

2 Für die Füllung die Minze waschen, trockenschütteln, die Blättchen fein hacken. Das Bratwurstbrät aus der Pelle drücken, mit Minze, Sesamöl, Kreuzkümmel und Zimt gut vermischen.

3 Auberginenscheiben kurz unter kaltem Wasser abbrausen, gut trockentupfen und dabei etwas Wasser herausdrücken. Eine Hälfte der Scheiben mit Füllung bestreichen, die andere Hälfte obenauf legen und zusammendrücken. In 2 EL Mehl wenden.

4 Eier und restliches Mehl mit 1 EL Wasser glatt rühren. Öl in einer hochwandigen Pfanne erhitzen, Auberginenhäppchen portionsweise durch die Eiermasse ziehen und im Öl bei mittlerer Hitze in 3–4 Min. rundherum goldbraun ausbacken. Herausheben und auf Küchenpapier kurz abtropfen lassen. Auf den Salatblättern anrichten und sofort servieren.

KOCH-TIPP

Durch das Einsalzen, Abbrausen und das leichte Ausdrücken wird den Auberginen Wasser entzogen, dann saugen sie beim Ausbacken nicht so viel Fett auf.

VARIANTE – AUBERGINEN-GARNELEN-HÄPPCHEN

Darf's etwas edler sein? Für die Füllung 150 g gegartes Garnelenfleisch im Sieb abbrausen, trockentupfen und ganz fein hacken. 1 Frühlingszwiebel waschen, putzen und ebenfalls fein hacken. 1 Stück frischen Ingwer (ca. 2 cm) schälen, winzig klein würfeln. Alles mit 2 EL heller Sojasauce und 1 TL Speisestärke vermischen. Auberginen wie oben im Rezept beschrieben vorbereiten, füllen und frittieren.

machen schnell was her | Imbiss

Warme Zucchinibrote

400 g kleine Zucchini | 3 Tomaten | 4 kleine runde Ziegen-Frischkäse | 2 EL Olivenöl | Salz | Pfeffer | 1 TL frische Thymianblättchen | 4 dicke Scheiben Bauernbrot

Für 4 Personen | 20 Min. Zubereitung
Pro Portion ca. 265 kcal, 8 g EW, 15 g F, 25 g KH

1 Zucchini waschen, putzen, längs in dünne Scheiben hobeln oder schneiden. Tomaten waschen, in dünne Scheiben schneiden. Ziegenkäse quer halbieren. Öl mit Salz, Pfeffer und Thymian verrühren, die Zucchinischeiben darin wenden.

2 Backofen auf 200° vorheizen. Brote zuerst mit Tomaten, dann mit Zucchini und obenauf mit Käse belegen. Mit restlicher Ölmischung beträufeln. Brote im vorgeheizten Ofen (Mitte, Umluft 180°) 6–8 Min. überbacken, bis der Käse leicht gebräunt ist.

AUSTAUSCH-TIPP

Wer Ziegenkäse nicht mag, nimmt Feta-Käse.

leicht & fruchtig

Zucchini-Fisch-Spieße

150 g Mango-Chutney (aus dem Glas) | 4 EL Orangensaft | 350 g Kabeljau-Rückenfilet | 400 g kleine Zucchini | 3 EL Sonnenblumenöl | Salz | Pfeffer | 8–12 kleine Holzspieße

Für 4 Personen | 30 Min. Zubereitung
Pro Portion ca. 255 kcal, 16 g EW, 9 g F, 26 g KH

1 Mango-Chutney und Orangensaft zu einer Sauce pürieren. Kabeljau waschen, trockentupfen und in 3 cm große Würfel schneiden. Zucchini waschen, putzen, in 2 cm dicke Stücke schneiden. Abwechselnd mit dem Fisch auf Spieße stecken.

2 Öl in einer großen beschichteten Pfanne erhitzen. Spieße darin bei mittlerer Hitze rundherum 6–8 Min. braten, dabei mehrmals mit der Sauce bestreichen. Zucchini-Fisch-Spieße salzen, pfeffern und mit der restlichen Sauce servieren.

Italo-Klassiker auf neue Art

Auberginen-Fladen

2 schlanke Auberginen (à 250 g) | 3 EL Olivenöl | Salz | Pfeffer | 200 g passierte Tomaten (Tetrapack) | 2 TL Pizzagewürz | 50 g Frühstücksspeck | 2 Pizzaböden à 230 g (32 cm ∅; aus dem Kühlregal) | 100 g Schafkäse (Feta)

Für 4 Personen | 45 Min. Zubereitung
Pro Portion ca. 540 kcal, 18 g EW, 28 g F, 54 g KH

1 Auberginen waschen, putzen, in 5 mm dicke Scheiben schneiden. Grillpfanne einölen, erhitzen. Auberginen bei mittlerer Hitze 2–3 Min. von beiden Seiten anbraten. Salzen und pfeffern. Tomaten mit Pizzagewürz verrühren. Backofen auf 250° vorheizen.

2 Speck quer in Stücke schneiden. Pizzaböden entrollen, mit den Tomaten bestreichen. Auberginen und Speck darauf verteilen. Pizzas samt Papier auf Backbleche legen, im vorgeheizten Ofen (unten, Umluft 230°) in 12–15 Min. goldbraun backen. Käse zerkrümeln, über die Fladen verteilen. In Stücke schneiden und sofort servieren.

Spezialität aus Süditalien

Mozzarella-Auberginen

2 schlanke Auberginen (à 200 g) | 2 EL frisch gehackte Salbeiblättchen | 1 Knoblauchzehe | 5 EL Olivenöl | Salz | Pfeffer | 1 EL Aceto balsamico | 250–300 g Büffelmozzarella

Für 4 Personen | 20 Min. Zubereitung
Pro Portion ca. 320 kcal, 16 g EW, 27 g F, 3 g KH

1 Den Backofengrill einschalten. Auberginen waschen, putzen, in 1 cm dicke Scheiben schneiden. Nebeneinander auf ein mit Alufolie ausgelegtes Backblech legen. Mit Salbei bestreuen. Knoblauch schälen und durch die Knoblauchpresse drücken. Mit 3 EL Öl, etwas Salz und Pfeffer mischen, über die Gemüsescheiben verteilen.

2 Auberginen von beiden Seiten jeweils 5 Min. goldbraun grillen. Mit Essig beträufeln. Mozzarella in 1 cm dicke Scheiben schneiden. Im Wechsel Käse- und Auberginenscheiben auf Tellern zu Türmchen schichten. Mit Pfeffer aus der Mühle übermahlen und mit dem übrigen Öl beträufeln.

Knuspriges aus Japan

Gemüse-Tempura

1 Ei (Größe M)
Salz
100 g Mehl + Mehl zum Wenden
150 g Naturjoghurt
2 TL Currypulver
1 EL Ahornsirup
1 EL Schnittlauchröllchen
300 g Zucchini
2 schlanke türkische Auberginen
2 Möhren
Erdnussöl zum Frittieren

Für 4 Personen
40 Min. Zubereitung | 30 Min. Ruhen
Pro Portion ca. 310 kcal, 9 g EW, 16 g F, 33 g KH

1 Für den Teig das Ei mit ½ TL Salz und 200 ml eiskaltem Wasser verschlagen. Mehl darüber sieben, rasch unterrühren und den Teig 30 Min. ruhen lassen.

2 Für den Dip den Joghurt mit Currypulver und Ahornsirup glatt rühren. Schnittlauchröllchen unterheben. Den Dip mit Salz abschmecken.

3 Zucchini und Auberginen waschen und putzen. Möhren schälen. Gemüse in mundgerechte Stücke schneiden. Das Öl in einem hohen Topf auf 180° erhitzen.

4 Gemüsestücke portionsweise in Mehl wenden, durch den Teig ziehen, abtropfen lassen und im heißen Öl in 2–4 Min. goldgelb und knusprig ausbacken. Auf Küchenpapier abtropfen lassen und sofort mit dem Dip servieren.

ganz frisch genießen

Auberginen-Döner

5–6 Zweige Minze
½ TL Zucker
200 g griechischer Joghurt (10 % Fett)
Salz
500 g schlanke Auberginen
200 g Tomaten
1 Zwiebel
1 Knoblauchzehe
4 EL Olivenöl
1 TL Harissa (Chilipaste)
4 Pitta-Brötchen zum Füllen

Für 4 Personen | 30 Min. Zubereitung
Pro Portion ca. 335 kcal, 6 g EW, 13 g F, 32 g KH

1 Für den Joghurt die Minze abbrausen, die Blätter grob hacken. Mit dem Zucker im Mixer fein zerkleinern. Minze und 2 EL Wasser in den Joghurt rühren, mit etwas Salz abschmecken. Kalt stellen.

2 Auberginen waschen, putzen, in Scheiben schneiden, diese vierteln. Tomaten waschen, klein würfeln. Zwiebel und Knoblauch schälen, klein würfeln.

3 Öl erhitzen, die Auberginen darin portionsweise bei starker Hitze 3–4 Min. kräftig anbraten. Zwiebel, Knoblauch und Tomaten zugeben. Zusammen bei mittlerer Hitze noch 3 Min. garen. Mit Harissa und Salz abschmecken.

4 Brötchen toasten. An der Markierung abschneiden. Brötchen mit je 1 TL Minzjoghurt und dem Auberginengemüse füllen. Übrigen Joghurt darüber verteilen oder getrennt dazureichen.

oben: Gemüse-Tempura | unten: Auberginen-Döner

Beilagen

Ich habe ein Faible für Beilagen, weil sie das Aroma von Fisch, Fleisch und Geflügel so herrlich ergänzen können. Und weil sie so vielfältig sind: in Farbe, Konsistenz und Geschmack. Mein Favorit ist asiatisch gewürzt und kann gerne variiert werden. Lassen Sie sich inspirieren!

Auberginen-Tomaten-Gemüse

400 g Auberginen
2 kleine Zwiebeln
3 EL Öl
1–2 gestrichene TL rote Thai-Currypaste (aus dem Asienladen)
1 Dose Tomaten (400 g Abtropfgewicht)
Salz
3 Stängel Basilikum (am besten Thai-Basilikum)

Für 4 Personen | 25 Min. Zubereitung
Pro Portion ca. 110 kcal, 2 g EW, 10 g F, 4 g KH

1 Auberginen waschen und putzen. Zuerst in 1 cm dicke Scheiben schneiden, diese dann quer in Streifen schneiden. Zwiebeln schälen, vierteln und in dünne Streifen schneiden.

2 Öl in einer großen Pfanne erhitzen, Auberginen darin bei mittlerer Hitze 5 Min. rundherum anbraten. Zwiebeln hinzufügen, 1 Min. mitbraten. 1–2 TL Currypaste unterrühren, 1 Min. braten. Tomaten kleiner schneiden, mit dem Saft dazugeben. Gemüse 5–7 Min. zugedeckt bei kleiner Hitze schmoren. Falls nötig, etwas Wasser angießen.

3 Das Gemüse mit Salz abschmecken. Basilikum waschen, trockenschütteln, Blättchen abzupfen und kurz vor dem Servieren unterheben. Zu Kurzgebratenem oder Hackbällchen servieren.

ganz frisch genießen

Frittierte Blüten

12–16 Zucchiniblüten | 4 EL Mehl | 2 EL Speisestärke | 2 Eier (Größe M) | Pfeffer | frisch geriebene Muskatnuss | Mineralwasser | Öl zum Frittieren | grobes Meersalz

Für 4 Personen | 30 Min. Zubereitung
Pro Portion ca. 165 kcal, 5 g EW, 11 g F, 12 g KH

1 Zucchiniblüten schräg von den Zucchini schneiden. (Die Zucchini am besten roh für einen Salat verwenden.) Blüten behutsam waschen und trockentupfen. Die Kelche vorsichtig öffnen und die Blütenstempel mit den Staubgefäßen abknipsen.

2 Mehl und Stärke mit Eiern, Pfeffer, Muskat und etwas Mineralwasser zu einem dünnen Teig rühren. Öl auf 160° erhitzen. Zucchiniblüten portionsweise durch den Teig ziehen, im Öl in 3–4 Min. goldbraun frittieren. Blüten auf Küchenpapier abtropfen lassen und mit etwas Meersalz bestreut servieren. Passen gut zu feinem Fisch wie Lachs, Seeteufel, Tunfisch oder Wolfsbarsch. Wunderbar auch zu Spaghetti!

scharf & erfrischend

Zucchini-Salsa

6 EL Limettensaft | 3 EL Ahornsirup | Salz | 300 g Zucchini | 1 kleine rote Zwiebel | 1 kleine gelbe Paprikaschote | 2 frische rote Chilischoten

Für 4 Personen
20 Min. Zubereitung | 30 Min. Marinieren
Pro Portion ca. 65 kcal, 2 g EW, 1 g F, 13 g KH

1 5 EL Limettensaft mit 2 EL Ahornsirup, ½ TL Salz und 100 ml Wasser 1 Min. kochen. Marinade abkühlen lassen. Zucchini waschen, putzen, längs vierteln und in dünne Scheiben schneiden.

2 Zwiebel schälen, vierteln, in hauchfeine Streifen schneiden. Paprika waschen, putzen und sehr klein würfeln. Chilischoten halbieren, entkernen und fein hacken. Alles mit den Zucchini und der Marinade vermengen und 30 Min. ziehen lassen. Vor dem Servieren mit etwas Limettensaft und Ahornsirup süßsauer abschmecken. Die Salsa passt zu Fleischspießen, gegrilltem Fleisch und gebackenem Camembert.

gelingt leicht

Buntes Ofengemüse

400 g Zucchini | 400 g Auberginen | je 1 rote und gelbe Paprikaschote | 1 Gemüsezwiebel | 4–6 Knoblauchzehen | 400 g Kartoffeln | 5 EL Olivenöl | 4 Zweige Rosmarin | Salz | Pfeffer

Für 4 Personen
20 Min. Zubereitung | 30 Min. Backen
Pro Portion ca. 255 kcal, 6 g EW, 16 g F, 22 g KH

1 Backofen auf 220° vorheizen. Gemüse waschen, je nach Sorte schälen oder putzen und in mundgerechte Stücke schneiden. Zwiebel und Knoblauch schälen, Zwiebel in schmale Spalten schneiden, Knoblauchzehen ganz lassen.

2 Kartoffeln schälen, waschen und klein würfeln. Gemüse und Kartoffeln mit Öl, Rosmarin, Salz und Pfeffer vermengen. Auf dem Backblech verteilen. Im vorgeheizten Ofen (Mitte, Umluft 200°) in ca. 30 Min. garen, dabei ab und zu umrühren. Zu Grillfleisch, Kotelett oder Braten servieren.

schmeckt warm und kalt

Auberginen-Püree

650 g Auberginen | 2 Zwiebeln | 2 Knoblauchzehen | 2 EL Olivenöl | 1 TL Kurkumapulver | 2 EL frisch gehackte Petersilie | 150 g Vollmilchjoghurt | Salz | Pfeffer | 1 TL Paprikaflocken (türkisches Lebensmittelgeschäft)

Für 4 Personen | 40 Min. Zubereitung
Pro Portion ca. 110 kcal, 3 g EW, 8 g F, 7 g KH

1 Backofen auf 250° vorheizen. Auberginen waschen, auf ein mit Alufolie ausgelegtes Backblech legen. Im vorgeheizten Ofen (Mitte; Umluft 220°) in 30 Min. weich backen. Etwas abkühlen lassen und halbieren, Fruchtfleisch auslösen, fein zerdrücken.

2 Zwiebeln und Knoblauch schälen, fein hacken und im heißen Öl bei kleiner Hitze in 5 Min. weich dünsten. Beides mit Kurkuma, Petersilie und Joghurt unter das Püree rühren. Salzen, pfeffern und mit Paprikaflocken bestreuen. Schmeckt gut zu Riesengarnelen und Rindersteaks.

französisch inspiriert

Überbackenes Zucchini-Gemüse

250 g Tomaten
750 g gelbe und grüne Zucchini
3 Stängel Estragon (ersatzweise Thymian)
50 g grüne entsteinte Oliven
1 rote Zwiebel
1 Knoblauchzehe
4 EL Olivenöl
1 TL abgeriebene Schale von 1 Bio-Zitrone
Salz | Pfeffer
2 Scheiben Toastbrot
100 g geriebener Hartkäse (z. B. Comté, Greyerzer)

Für 4 Personen | 30 Min. Zubereitung
Pro Portion ca. 290 kcal, 11 g EW, 23 g F, 10 g KH

1 Tomaten überbrühen, häuten, entkernen, in große Stücke schneiden. Zucchini waschen, putzen, längs halbieren, in Stücke schneiden. Estragon waschen, die Blättchen abzupfen. Oliven vierteln. Zwiebel und Knoblauch schälen, klein würfeln.

2 Den Backofen auf 220° vorheizen. 3 EL Öl erhitzen, Zucchini darin bei mittlerer Hitze 2–3 Min. anbraten, Zwiebel und Knoblauch zufügen, 1 Min. mitbraten. Estragon, Oliven und Tomaten unterheben. Mit Zitronenschale, Salz und Pfeffer würzen.

3 Gemüsemischung in eine Gratinform füllen. Brot entrinden, zerkrümeln, mit dem Käse mischen und über das Gemüse streuen. Restliches Öl darüber träufeln. Im vorgeheizten Ofen (Mitte, Umluft 200°) ca. 10 Min. überbacken. Schmeckt zu Grillfleisch, Schnitzel und gebratenem Fisch.

feinwürzig

Viererlei Safran-Gemüse

150 g Möhren
3 Stangen Staudensellerie
250 g Zucchini
250 g Auberginen
150 ml Gemüsebrühe
2 Msp. gemahlener Safran
3 EL Olivenöl
1 TL Zucker
1 Lorbeerblatt
½ TL gemahlener Koriander
Salz | Pfeffer
2–3 EL frisch gepresster Zitronensaft
1 EL frisch gehackter Dill

Für 4 Personen | 35 Min. Zubereitung
Pro Portion ca. 140 kcal, 3 g EW, 10 g F, 9 g KH

1 Das Gemüse waschen, je nach Sorte schälen oder putzen und in mundgerechte Stücke oder Scheiben schneiden. Brühe und Safran verrühren. Öl in einem flachen Topf erhitzen, Möhren und Auberginen darin bei mittlerer Hitze 4 Min. anbraten. Sellerie und Zucchini zufügen und weitere 3 Min. mitbraten.

2 Gemüse mit dem Zucker bestreuen, kurz karamellisieren lassen. Die Safranbrühe angießen, Lorbeerblatt und Koriander zufügen. Das Gemüse bei kleiner Hitze in 12–15 Min. bissfest garen. Mit Salz, Pfeffer und Zitronensaft abschmecken. Den Dill unterheben. Die Gemüse schmecken gut zu Lammfleisch und Schweinefilet.

oben: Überbackenes Zucchini-Gemüse | unten: Viererlei Safran-Gemüse

auch als Snack

Zucchini-Würfel

Die Würfel lassen sich leicht und exakt schneiden, wenn Sie den Zucchinikuchen nach dem Backen einige Minuten abkühlen lassen.

250 g Yufka- oder Filoteig (TK oder frisch)
750 g kleine Zucchini
½ Bund Minze
Salz
4 EL Butter
3 Eier (Größe M)
100 g frisch geriebener Parmesan
125 g weicher Ricotta (ital. Frischkäse)
150 ml Milch
Pfeffer

Für 4 Personen
40 Min. Zubereitung | 45 Min. Backen
Pro Portion ca. 530 kcal, 27 g EW, 29 g F, 40 g KH

1 Den tiefgekühlten Filo- oder Yufkateig nach Packungsangabe auftauen. Zucchini waschen und putzen, auf einer Gemüsereibe grob raspeln. Minze waschen, trockenschütteln und etwa 15 Blätter fein hacken. Zucchini und gehackte Minze vermischen, leicht salzen.

2 Butter bei kleiner Hitze zerlassen und wieder abkühlen lassen. Die Eier mit Parmesan, Ricotta und Milch gründlich verrühren. Unter die Zucchini mischen, mit Salz und Pfeffer abschmecken.

3 Backofen auf 180° vorheizen. Eine rechteckige ofenfeste Form (ca. 18 x 25 cm) mit Backpapier auslegen. Die frischen oder aufgetauten Teigblätter behutsam voneinander lösen, einzeln mit zerlassener Butter bepinseln. Den Boden der Form damit bedecken.

4 Zucchinimasse auf dem Teig verteilen und glatt streichen. Form in den vorgeheizten Ofen (Mitte, Umluft 160°) schieben und die Masse etwa 45 Min. backen, bis sie fest ist und die Oberfläche goldbraun. Zucchinikuchen etwas abkühlen lassen. In etwa 12 Würfel schneiden und mit den restlichen Minzeblättchen bestreuen. Passt vorzüglich zu Geschnetzeltem und Braten mit Sauce.

GUT ZU WISSEN

Yufka oder Filo sind dünne Teige, die ähnlich wie Strudelteig beim Backen schön blättrig werden. Die Teigblätter lassen sich gut mit einer Küchenschere schneiden und leicht verarbeiten. Es gibt sie in türkischen oder griechischen Lebensmittelläden zu kaufen – eingeschweißt in der Tiefkühltruhe oder im Kühlregal.

DEKO-TIPP

Hin und wieder haben Supermärkte oder Gemüsehändler eine Mischung aus essbaren Blüten im Angebot. Dann sollten Sie unbedingt zugreifen! Die Blüten sind ein farbenfroher Hingucker auf den Zucchini-Würfeln.

auch als Vorspeise

Zucchinipuffer

Je kleiner die Zucchini sind, desto höher ist der grünfarbene Anteil der Schale, und um so hübscher sehen die Puffer auf dem Teller aus.

500 g schlanke Zucchini | Salz | 3 Frühlingszwiebeln | ½ Bund Petersilie | 3 Zweige Minze oder Dill | 50 g geriebener Hartkäse (z. B. Greyerzer, Pecorino) | 2 Eier | 50 g Mehl | Pfeffer | 6–7 EL Olivenöl zum Braten

Für 4 Personen | 55 Min. Zubereitung
Pro Portion ca. 320 kcal, 10 g EW, 26 g F, 12 g KH

1 Zucchini waschen, putzen und raspeln. Mit ½ TL Salz mischen, 10 Min. Saft ziehen lassen. Inzwischen die Frühlingszwiebeln waschen, putzen und in dünne Scheibchen schneiden. Alle Kräuter waschen, trockenschütteln und fein hacken.

2 Zucchini in ein Sieb geben und gut ausdrücken. Dann mit Frühlingszwiebeln, Käse, Kräutern, Eiern und Mehl verrühren. Die Masse mit Salz und Pfeffer abschmecken.

3 Etwas Öl in einer großen beschichteten Pfanne erhitzen. Portionsweise kleine Puffer aus jeweils 1 gehäuften EL Zucchinimasse hineinsetzen. Von jeder Seite bei mittlerer Hitze in etwa 4 Min. goldbraun braten. Puffer auf einer dicken Schicht Küchenpapier abtropfen lassen. Warm oder kalt zu gebratener Hähnchen- oder Entenbrust servieren.

UND DAZU?

Wer mag, serviert die Zucchinipuffer mit einer Tomatensauce auf typisch griechische Art. Dafür 600 g Tomaten häuten, entkernen und würfeln. 200 g Zwiebeln schälen, hacken, in 2 EL Olivenöl kurz andünsten. Tomaten, 5 EL Ouzo (Anisschnaps), 1 Lorbeerblatt, 1 Prise gemahlenen Zimt, Salz und Pfeffer hinzufügen. 2 Knoblauchzehen schälen und dazupressen. Tomatensauce bei kleiner Hitze 15 Min. köcheln lassen. Mit etwas Zimt, Salz und Pfeffer abschmecken.

machen schnell was her

Auberginenfächer

2 Auberginen (à ca. 350 g) | 6 EL Olivenöl | Salz | Pfeffer | 1 rote Paprikaschote | 2 TL frische Thymianblättchen | 50 g frisch geriebener Grana Padano oder Parmesan

Für 4 Personen | 30 Min. Zubereitung
Pro Portion ca. 245 kcal, 7 g EW, 22 g F, 6 g KH

1 Den Backofen auf 200° vorheizen. Auberginen waschen, zuerst der Länge nach halbieren, auf die Schnittflächen legen. Dann die runden Seiten längs oder quer im Abstand von 1 cm einschneiden. Die Hälften fächerartig auf ein mit Alufolie ausgelegtes Backblech legen. Mit dem Olivenöl bestreichen, leicht salzen und pfeffern.

2 Paprikaschote putzen, waschen und sehr klein würfeln. Mit Thymian und Käse vermischen, gleichmäßig über die Auberginenfächer streuen. Im vorgeheizten Ofen (Mitte; Umluft 180°) 15–20 Min. backen. In den letzten 5 Min. den Ofen auf höchste Stufe schalten. Passen gut zu Putenschnitzel.

Spezialität aus Sizilien

Süßsaures Gemüse

500 g kleine Auberginen | 3 Stangen Staudensellerie | 1 Zwiebel | 1 Knoblauchzehe | 5 EL Olivenöl | Salz | Pfeffer | 1 Dose Tomaten (400 g Abtropfgewicht) | 50 g grüne entsteinte Oliven | 2 EL gehackter frischer Oregano | 2 EL Kapern | 4 EL Rotweinessig | 1 EL Zucker | 1 EL Pinienkerne

Für 4 Personen | 40 Min. Zubereitung
Pro Portion ca. 245 kcal, 4 g EW, 19 g F, 14 g KH

1 Auberginen und Sellerie waschen, putzen, würfeln. Zwiebel und Knoblauch schälen, hacken. Öl erhitzen, Auberginen darin bei mittlerer Hitze in 6 Min. anbraten. Sellerie, Zwiebel und Knoblauch dazugeben, kurz mitbraten. Salzen und pfeffern.

2 Tomaten abtropfen lassen, kleiner schneiden. Oliven halbieren. Beides mit Oregano, Kapern, Essig und Zucker untermischen. Alles bei kleiner Hitze 15 Min. garen, salzen und pfeffern. Pinienkerne rösten, über das Gemüse streuen.

Hauptgerichte

Seit dem Thai-Kochkurs in der Nähe von Bangkok steht dieses Curry auf meiner Lieblingsessen-Liste. Damals habe ich auch die Mini-Auberginen kennen gelernt. Aber egal, ob klein oder groß, reichlich Gemüse muss es sein. Und das möglichst frisch und aromatisch.

Thai-Curry mit Mini-Auberginen

400 g Hähnchenbrustfilet
1 Stängel Zitronengras
4–6 weiße runde Thai-Auberginen
(ersatzweise 250 g europäische Auberginen)
400 ml ungesüßte Kokosmilch (aus der Dose)
1 gestrichener EL grüne Thai-Currypaste
(aus dem Asienladen)
2 EL Fischsauce oder helle Sojasauce
1 TL Palm- oder brauner Zucker
1 kleine rote Paprikaschote
½ Bund Koriandergrün, Salz

Für 4 Personen | 30 Min. Zubereitung
Pro Portion ca. 310 kcal, 26 g EW, 17 g F, 9 g KH

1 Hähnchenfleisch waschen, trockentupfen und in 3 cm große Würfel schneiden. Vom Zitronengras lose und harte Außenblätter entfernen. Zitronengras waschen und nur den unteren hellen Teil in feine Scheibchen schneiden. Mini-Auberginen waschen, putzen und vierteln oder sechsteln.

2 Ein Drittel der Kokosmilch mit der Currypaste im Wok erhitzen, 2 Min. sanft köcheln lassen. Fleisch, Auberginen, Zitronengras, restliche Kokosmilch, 150 ml Wasser, Fisch- oder Sojasauce und Zucker zufügen. Bei kleiner Hitze knapp 10 Min. mehr ziehen als kochen lassen.

3 Paprikaschote putzen, waschen und sehr klein würfeln. Zum Curry geben. Koriander waschen, die Blättchen abzupfen. Die Hälfte der Blättchen unterheben. Curry mit Salz abschmecken und mit den übrigen Kräuterblättchen bestreuen. Mit Duftreis servieren.

vegetarisch

Gefüllte Zucchini auf Tomatenreis

Essen mit vielen Freunden? Dann das gefüllte Gemüse in doppelter oder dreifacher Portion zubereiten. Prima geht das auf dem Backblech, den Tomatenreis dann separat garen.

Für das Gemüse:
6 grüne Kugelzucchini (à 200 g)
1 Zwiebel | 3 EL Olivenöl
Salz | Pfeffer
10 Zweige Oregano
250 g weicher Ricotta (ital. Frischkäse)
150 g frisch geriebener Pecorino oder Parmesan
2 EL gemahlene Wal- oder Haselnusskerne
1 Ei (Größe L)
Für den Tomatenreis:
150 g Langkornreis | 1 EL Olivenöl
150 ml Rotwein (ersatzweise Gemüsebrühe)
250 ml Gemüsebrühe
400 g stückige Tomaten (aus der Dose)
Salz | Pfeffer

Für 4 Personen
40 Min. Zubereitung | 40 Min. Garen
Pro Portion ca. 670 kcal, 31 g EW, 38 g F, 42 g KH

1 Zucchini waschen, putzen und quer halbieren. An der runden Seite jeder Hälfte ein kleines Stück flach abschneiden, dann können die Früchte besser im Bräter stehen. Von den Hälften mit einem Teelöffel das Fruchtfleisch bis auf 1 cm aushöhlen. Die halbe Menge ausgelöstes Fruchtfleisch klein hacken (Bild 1), den Rest anderweitig verwenden.

2 Zwiebel schälen, klein würfeln. 2 EL Öl in einer Pfanne erhitzen. Zwiebel und Zucchinifruchtfleisch darin bei mittlerer Hitze 8–10 Min. anbraten. Mit Salz und Pfeffer würzen, abkühlen lassen.

3 Oregano waschen, trockenschütteln und die Blättchen bis auf ein paar zum Garnieren fein hacken. Ricotta mit 80 g geriebenem Käse, den Nüssen, dem Ei, der abgekühlten Gemüsemischung und dem gehackten Oregano vermischen. Mit Pfeffer abschmecken.

4 Den Backofen auf 180° vorheizen. Für den Tomatenreis den Reis mit Öl, Wein, Brühe und Tomatenstücken in einem flachen Bräter verrühren. Mit Salz und Pfeffer würzen.

5 Zucchinihälften mit der Käsemasse füllen (Bild 2). Nebeneinander auf den Reis setzen. Mit restlichem Käse bestreuen und mit 1 EL Öl beträufeln. Gemüse im vorgeheizten Ofen (unten, Umluft 160°) 35–40 Min. garen, bis die Oberfläche goldgelb gebräunt und der Reis gar ist. Falls nötig, noch ein wenig heißes Wasser zum Reis gießen.

6 Gefüllte Zucchini mit dem Tomatenreis auf Tellern anrichten und mit dem restlichen Oregano bestreut servieren (Bild 3).

AUSTAUSCH-TIPP

Anstelle der Kugelzucchini 6 längliche grüne oder gelbe Zucchini à etwa 180 g verwenden.

TIPP – FÜR FLEISCHFANS

Lust auf etwas Fleisch im gefüllten Gemüse? Dann 50 g klein gewürfelten gekochten Schinken vor dem Füllen unter die Käsemasse mischen.

1

2

3

preiswert

Nudel-Zucchini-Omelett

400 g Bucatini oder Spaghetti | Salz
1 Zwiebel | 1 Knoblauchzehe
400 g kleine feste Zucchini
150 g Möhren
6 EL Olivenöl
1 Bund Petersilie
50 g geriebener Parmesan
4 Eier (Größe M)
100 ml Milch
Pfeffer

Für 4 Personen | 45 Min. Zubereitung
Pro Portion ca. 700 kcal, 27 g EW, 30 g F, 81 g KH

1 Nudeln in Salzwasser bissfest kochen, abgießen und sehr gut abtropfen lassen. Zwiebel und Knoblauch schälen, fein hacken. Zucchini waschen, putzen und in kleine Würfel schneiden. Möhren schälen, grob raspeln.

2 2 EL Öl erhitzen, Zucchini, Möhren, Zwiebel und Knoblauch darin 6 Min. bei kleiner Hitze dünsten. Petersilie waschen, trockenschütteln, grob hacken und untermischen. Das Gemüse etwas abkühlen lassen.

3 Nudeln, Gemüse und Parmesan vermengen. Eier mit Milch verquirlen, unterheben. Omelettmasse mit Pfeffer und Salz würzen. In zwei beschichteten Pfannen (26 cm Ø) je 2 EL Öl erhitzen. Masse darin verteilen, glatt streichen und zugedeckt bei kleiner Hitze in 5–7 Min. stocken lassen, bis die Unterseiten goldgelb sind. Omeletts wenden und die andere Seite ebenfalls goldgelb braten. Zum Servieren in Stücke schneiden. Dazu Salat reichen.

Klassiker aus Italien

Penne mit Auberginen

2 schlanke feste Auberginen (500 g)
4 EL Olivenöl
2 Knoblauchzehen
400 g stückige Tomaten (Tetrapack)
1 TL getrockneter Oregano
1 Spritzer Aceto balsamico
Salz | Pfeffer
500 g Penne (ersatzweise Spaghetti)
150 g weicher Ricotta (ital. Frischkäse)
Basilikum zum Garnieren

Für 4 Personen | 30 Min. Zubereitung
Pro Portion ca. 675 kcal, 23 g EW, 19 g F, 100 g KH

1 Auberginen waschen, putzen und in ca. 5 cm lange, höchstens fingerdicke Streifen schneiden. Öl in einer großen Pfanne erhitzen, Auberginenstreifen darin bei großer Hitze portionsweise 4–6 Min. kräftig anbraten.

2 Knoblauch schälen, in möglichst dünne Scheiben schneiden. Zusammen mit Tomaten, Oregano und Essig unter die Auberginen mischen, 15 Min. bei kleiner Hitze köcheln lassen. Die Sauce mit Salz und Pfeffer abschmecken.

3 Die Nudeln in reichlich Salzwasser nach Packungsangabe bissfest kochen. Kochwasser bis auf ca. 75 ml abgießen. Ricotta in kleine Stücke teilen. Nudeln, aufbewahrtes Kochwasser, Sauce und zwei Drittel vom Ricotta vermischen. Nochmals abschmecken. Pasta in tiefen Tellern anrichten, mit übrigem Ricotta und Basilikum bestreut servieren.

oben: Penne mit Auberginen | unten: Nudel-Zucchini-Omelett

für besondere Anlässe

Lachs mit Zucchini-Duo

Der reine Genuss, auch optisch. Und ganz einfach zuzubereiten, denn Sie brauchen dafür nur einen Topf mit Dämpfeinsatz.

1 Bund gemischte Kräuter
700 g schlanke feste Zucchini
2 Schalotten
3 EL Butter
250 ml Gemüsebrühe
2 TL frisch gepresster Zitronensaft
Salz | Pfeffer
6 Zweige Thymian
2 Wacholderbeeren
Öl zum Einfetten
4 Lachsfilets (à 150 g)

Für 4 Personen | 50 Min. Zubereitung
Pro Portion ca. 415 kcal, 32 g EW, 29 g F, 5 g KH

1 Die Kräuter waschen, trockenschütteln, die Blättchen abzupfen. Zucchini waschen, putzen und in dünne Scheiben hobeln. Schalotten schälen und fein würfeln.

2 2 EL Butter erhitzen, die Schalotten darin bei mittlerer Hitze 2–3 Min. glasig dünsten. 300 g Zucchinischeiben hinzufügen und 2 Min. andünsten. Brühe dazugießen, Zucchini darin 4 Min. garen. Die Garflüssigkeit in eine Schüssel abgießen. Kräuterblättchen grob hacken, zu den Zucchini geben und alles mit dem Pürierstab pürieren. Mit 1 TL Zitronensaft, Salz und Pfeffer abschmecken. Zucchinipüree zugedeckt warm halten.

3 Garflüssigkeit, 200 ml Wasser, 1 TL Zitronensaft, etwas Salz und Pfeffer in einen Topf mit Dämpfeinsatz gießen. Thymian waschen, Wacholderbeeren grob zerdrücken. Beides in den Topf geben. Aufkochen und 5 Min. köcheln lassen.

4 Den Boden des Dämpfeinsatzes mit Öl einpinseln. Lachsfilets waschen, trockentupfen, salzen, pfeffern und nebeneinander hineinlegen. Dämpfeinsatz in den Topf über den Sud stellen und die Lachsfilets zugedeckt bei mittlerer Hitze je nach Dicke 9–11 Min. dämpfen.

5 Dämpfeinsatz aus dem Topf nehmen. Fisch warm stellen. Sud durch ein Sieb gießen und wieder in den Topf geben. Die restlichen Zucchinischeiben hinzufügen, Sud aufkochen und die Zucchini 2 Min. bei mittlerer Hitze darin garen.

6 1 EL Butter zerlassen. Zucchinischeiben aus dem Sud heben, abtropfen lassen und auf Tellern anrichten. Leicht salzen und pfeffern. Die Filets obenauf setzen und das Zucchinipüree auf dem Fisch verteilen. Flüssige Butter darüber träufeln.

AUSTAUSCH-TIPP

Gut zum Dämpfen eignen sich auch die Filets von Kabeljau, Rotbarsch, Seelachs und Heilbutt. Soll's etwas edler sein, können Sie auch mal zu Schwertfisch oder Tunfisch greifen.

mild-würzig

Sommergemüse-Fisch-Auflauf

Mit diesem Auflauf liegen Sie immer richtig. Vor allem in der warmen Jahreszeit, in der Leichtes angesagt ist und man nicht lange in der Küche hantieren möchte.

400 g Kabeljaufilet
Salz | Pfeffer
2 EL frisch gepresster Zitronensaft
1 Bund Frühlingszwiebeln
2 Knoblauchzehen | 5 EL Öl
3 Zweige Thymian
400 g kleine Zucchini
400 g schlanke Auberginen
4 Eier (Größe M)
250 ml Milch
150 g Joghurt
frisch geriebene Muskatnuss
50 g geriebener Gouda

Für 4 Personen
35 Min. Zubereitung | 30 Min. Backen
Pro Portion ca. 440 kcal, 33 g EW, 29 g F, 10 g KH

1 Kabeljaufilets waschen, trockentupfen und in 4 gleich große Stücke schneiden. Mit Salz, Pfeffer und Zitronensaft würzen. Zugedeckt in den Kühlschrank stellen.

2 Frühlingszwiebeln waschen, putzen und in dünne Scheiben schneiden. Knoblauch schälen, klein würfeln. 2 EL Öl erhitzen, Frühlingszwiebeln und Knoblauch darin bei mittlerer Hitze 2–3 Min. andünsten. Thymian waschen, die Blättchen abzupfen und unter die Zwiebelmischung rühren.

3 Zucchini und Auberginen waschen und putzen. Zucchini der Länge nach in ½ cm dicke Scheiben schneiden. Auberginen quer in ½ cm dicke Scheiben schneiden. Zucchini in einer Grillpfanne mit 2 EL Öl auf beiden Seiten bei mittlerer Hitze 1–2 Min. anbraten. Auberginen von beiden Seiten 3–4 Min. goldbraun braten. Gemüse salzen und pfeffern.

4 Backofen auf 200° vorheizen. Eine Auflaufform mit 2 EL Öl einfetten. Fischfilet, Zucchini, Auberginen und die Frühlingszwiebelmischung abwechselnd einschichten.

5 Eier mit Milch und Joghurt verrühren. Mit Salz, Pfeffer und etwas Muskatnuss kräftig würzen. Die Eiermilch über die Zutaten in die Form gießen. Auflauf mit geriebenem Käse bestreuen. Im heißen Ofen (Mitte; Umluft 180°) in ca. 30 Min. goldgelb backen.

VARIANTE: ZUCCHINI-MEDAILLON-GRATIN

Ein sommerlich leichter Auflauf für Fleischfans mit zartem Schweinefilet. 400 g Schweinefilet waschen, trockentupfen und quer in ca. 2 cm dicke Scheiben schneiden. 800 g Zucchini waschen, putzen, in Scheiben schneiden oder hobeln. Filetscheiben und Zucchini getrennt in heißem Öl kurz anbraten, salzen und pfeffern. Beides in eine Auflaufform schichten. 4 Stängel Salbei waschen und die Blätter in feine Streifen schneiden. Mit 400 g stückigen Tomaten (Tetrapack), Salz, Pfeffer und 1 Prise Zucker mischen. Über Fleisch und Gemüse verteilen. Im heißen Backofen bei 200° (Mitte; Umluft 180°) zunächst 15 Min. backen. 4 kleine Ziegenfrischkäse grob zerbröseln, über das Gratin streuen, in weiteren 5–6 Min. fertig backen. Dazu passt Baguette.

asiatisch gewürzt

Zucchini-Garnelen-Wok mit Zuckerschoten

100 g Zuckerschoten
500 g Zucchini
1 Stück frischer Ingwer (ca. 2 cm)
2 EL Öl
200 g küchenfertige rohe Riesengarnelen
150 ml Gemüsebrühe
Salz | Pfeffer | 1 TL Sesamöl
4 EL helle Sojasauce
Schnittknoblauch (evtl. mit Blüten) zum Garnieren

Für 4 Personen | 30 Min. Zubereitung
Pro Portion ca. 145 kcal, 14 g EW, 9 g F, 17 g KH

1 Zuckerschoten waschen und putzen. Zucchini waschen, putzen und schräg in Scheiben schneiden. Ingwer schälen, fein würfeln.

2 Erst den Wok, dann das Öl darin erhitzen. Zucchini darin 2 Min. unter Rühren bei großer Hitze braten. Herausheben und beiseite stellen.

3 Ingwer, Garnelen und Zuckerschoten im verbliebenen Öl 2 Min. unter Rühren braten. Zucchini untermischen. Brühe angießen. Alles zusammen noch 1 Min. pfannenrühren. Mit Salz, Pfeffer, Sesamöl und Sojasauce abschmecken und mit Schnittknoblauch garniert servieren.

TIPP – FÜR MEHR ABWECHSLUNG

Je nach Lust und Laune anstelle der Garnelen in dünne Scheiben geschnittenes Geflügelfleisch, Rind- oder Schweinefilet mitbraten. Und Vegetarier können Tofuwürfel in den Zucchini-Wok geben.

frisch & leicht

Puten-Zucchini-Geschnetzeltes

400 g Putenschnitzel
2 Bio-Limetten
1 Zwiebel
500 g feste Zucchini
150 g Champignons
3 EL Öl | Salz | weißer Pfeffer
300 ml Gemüsebrühe
100 g saure Sahne
2 EL frisch gehackte Petersilie

Für 4 Personen | 30 Min. Zubereitung
Pro Portion ca. 265 kcal, 28 g EW, 14 g F, 6 g KH

1 Putenschnitzel in feine Streifen schneiden. Limetten waschen, trockenreiben und die Schale von 1 Limette in sehr feinen Streifen abziehen. Beide Früchte auspressen. Zwiebel schälen, klein würfeln. Zucchini waschen, putzen und in Scheiben schneiden oder hobeln. Champignons putzen, ebenfalls in Scheiben schneiden.

2 Öl in einer großen Pfanne erhitzen, das Putenfleisch darin bei mittlerer Hitze 3–4 Min. kräftig anbraten. Herausnehmen, salzen und pfeffern. Zwiebel, Champignons und Zucchini im verbliebenen Bratfett 2–3 Min. andünsten. Salzen und pfeffern. Brühe und 5 EL Limettensaft zufügen, alles bei kleiner Hitze 5 Min. köcheln lassen.

3 Fleisch zum Gemüse geben und heiß werden lassen. Saure Sahne und Petersilie unterrühren. Das Geschnetzelte mit Salz, Pfeffer und restlichem Limettensaft abschmecken. Mit der Limettenschale bestreut servieren.

oben: Zucchini-Garnelen-Wok mit Zuckerschoten | unten: Puten-Zucchini-Geschnetzeltes

amerikanisch inspiriert

Auberginen con carne

Eine gemüsereiche Variante des Klassikers aus der Tex-Mex-Küche, die gänzlich ohne Chilischoten auskommt, dennoch wunderbar würzig schmeckt.

2 Zwiebeln
2 Knoblauchzehen
1 Bund Suppengemüse
500 g Auberginen
2 Zweige Oregano
(ersatzweise 1 TL getrockneter Oregano)
1 kleine Dose Tomaten (400 g Abtropfgewicht)
4 EL Öl
500 g Rinderhackfleisch
½ l Fleischbrühe (oder ¼ l Fleischbrühe
und ¼ l Rotwein)
1 EL Chili-con-carne-Gewürz (Fertigprodukt)
Salz | Pfeffer
100 g Tortilla-Chips

Für 4 Personen
30 Min. Zubereitung | 30 Min. Schmoren
Pro Portion ca. 600 kcal, 34 g EW, 38 g F, 24 g KH

1 Zwiebeln und Knoblauch schälen und fein würfeln. Suppengemüse waschen, putzen, in kleine Stücke schneiden. Auberginen waschen, putzen und in mundgerechte Stücke teilen. Den Oregano waschen, trockentupfen und die Blättchen abzupfen. Tomaten aus der Dose kleiner schneiden.

2 Öl in einem breiten Topf erhitzen. Zwiebeln, Knoblauch, Suppengemüse und Auberginen darin bei mittlerer Hitze 5 Min. anbraten. Hackfleisch hinzufügen und unter Rühren in 3–4 Min. braun und krümelig braten.

3 Tomaten samt Saft in den Topf geben und die Brühe angießen. Mit Chili-con-carne-Gewürz, zwei Drittel des Oreganos, Salz und Pfeffer würzen. Einmal aufkochen lassen, dann zugedeckt 30 Min. bei kleiner Hitze schmoren lassen.

4 Den Eintopf mit Salz, Pfeffer und evtl. noch etwas Chili-con-carne-Gewürz scharf abschmecken. Mit restlichen Oreganoblättchen bestreuen und mit den Tortilla-Chips servieren.

TIPP – GEWÜRZMISCHUNG SELBER MACHEN

Wer das Chili-con-carne-Gewürz lieber in der eigenen Küche mischen möchte: Je 1 EL gerebelten Oregano, getrocknete Zwiebeln und getrockneten Knoblauch in einen Mörser geben. Je 1 EL edelsüßes und rosenscharfes Paprikapulver hinzufügen. Außerdem 1 TL Cayennepfeffer, 2 TL Kreuzkümmel und je ½ TL Pimentkörner und Gewürznelken. Alles fein zerreiben. Die Gewürzmischung in ein kleines Glas mit Schraubverschluss füllen, kühl und trocken aufbewahren.

MEHR LEUTE AM TISCH?

Der Eintopf ist genau richtig für ein Partyessen. Einfach die doppelte oder dreifache Menge zubereiten. Wer mag, kann noch ein oder zwei Dosen (je 400 g Inhalt) abgebrauste und abgetropfte Kidneybohnen in der letzten Viertelstunde der Schmorzeit untermischen. Statt Tortilla-Chips schmeckt auch Baguette dazu.

edel & raffiniert

Lamm-Zucchini-Ragout

Die schaumige Sauce aus Schmorsud, Orangensaft, Honig und Ei gibt dem Ragout den besonderen Kick – und ein herrliches Aroma!

600 g Lammfleisch aus der Keule (ohne Knochen)
2 EL Olivenöl | 2 TL gemahlener Anis | Pfeffer
2 Zwiebeln
Salz
350–400 ml Fleischbrühe
600 g Zucchini
1 TL abgeriebene Schale von 1 Bio-Orange
1 TL flüssiger Honig
2 Eigelbe | 50 g Sahne
½ Bund Basilikum

Für 4 Personen | 40 Min. Zubereitung
1 Std. Marinieren | 1 Std. Garen
Pro Portion ca. 535 kcal, 32 g EW, 42 g F, 7 g KH

1 Lammfleisch waschen, trockentupfen und in große Würfel schneiden. Öl mit Anis und etwas Pfeffer verrühren. Das Fleisch mit dieser Mischung vermengen und zugedeckt im Kühlschrank 1 Std. marinieren.

2 Zwiebeln schälen, klein würfeln. Das marinierte Lammfleisch in einem Schmortopf bei mittlerer Hitze 8–10 Min. anbraten, Zwiebeln zufügen und kurz mitbraten. Salzen, pfeffern und mit 350 ml Brühe ablöschen. Aufkochen und zugedeckt bei kleiner Hitze 1 Std. schmoren lassen. Falls nötig, währenddessen noch etwas Brühe nachgießen.

3 Zucchini waschen, putzen und je nach Dicke halbieren oder vierteln. In 2–3 cm lange Stücke schneiden. Zum Fleisch geben und in 5–8 Min. bissfest garen.

4 Fleischwürfel und Gemüsestücke mit einem Schaumlöffel aus dem Schmorsud heben und warm stellen.

5 Orangenschale und Honig in den Schmorsud rühren, Sud von der Herdplatte ziehen. Zuerst Eigelbe und Sahne verquirlen, dann 1 Schöpfkelle Schmorsud darunter mischen. Ei-Sahne-Mischung in den Schmorsud im Topf rühren. Sauce unter ständigem Rühren erhitzen, aber nicht aufkochen lassen, da sonst das Eigelb gerinnt. Mit Salz und Pfeffer abschmecken und noch kurz mit dem Pürierstab schaumig aufschlagen.

6 Lammwürfel und Zucchinistücke in eine vorgewärmte Schüssel füllen und die heiße Schaumsauce darüber gießen. Basilikum waschen, trockenschütteln und das Ragout mit den Kräuterblättchen bestreuen. Heiß servieren.

VARIANTE – ZUCCHINI MIT HACKBÄLLCHEN

Aromatisch wie im Süden! 5 Zweige Minze waschen, fein hacken. 1 Zwiebel schälen, sehr fein würfeln. Beides mit 400 g Lamm- oder Rinderhackfleisch, 1 Eigelb, 1 TL Paprikaflocken, 2 EL Semmelbrösel, Salz und Pfeffer gründlich verkneten. Aus der Masse walnussgroße Kugeln formen, in heißem Öl in ca. 10 Min. rundherum braun braten. 600 g feste Zucchini waschen, putzen, längs vierteln und schräg in 3 cm große Stücke schneiden. In 2 EL Butter anbraten, salzen und pfeffern. Je 150 ml Gemüsebrühe und Sahne angießen, die Zucchini darin zugedeckt in ca. 8–10 Min. bissfest garen. Hackbällchen zugeben und heiß werden lassen.

Zum Gebrauch
Damit Sie Rezepte mit bestimmten Zutaten noch schneller finden können, stehen in diesem Register zusätzlich auch beliebte Zutaten wie **Kartoffeln** oder **Paprikaschoten** – ebenfalls alphabetisch geordnet und **hervorgehoben** – über den entsprechenden Rezepten.

A

B/C

E/F

G

H

I/K

L

M

N/O/P

R

S

T/U/V/W

Z

Unsere Garantie

Alle Informationen in diesem Ratgeber sind sorgfältig und gewissenhaft geprüft. Sollte dennoch einmal ein Fehler enthalten sein, schicken Sie uns das Buch mit dem entsprechenden Hinweis an unseren Leserservice zurück. Wir tauschen Ihnen den GU-Ratgeber gegen einen anderen zum gleichen oder ähnlichen Thema um.

Liebe Leserin und lieber Leser,

wir freuen uns, dass Sie sich für ein GU-Buch entschieden haben. Mit Ihrem Kauf setzen Sie auf die Qualität, Kompetenz und Aktualität unserer Ratgeber. Dafür sagen wir Danke! Wir wollen als führender Ratgeberverlag noch besser werden. Daher ist uns Ihre Meinung wichtig. Bitte senden Sie uns Ihre Anregungen, Ihre Kritik oder Ihr Lob zu unseren Büchern. Haben Sie Fragen oder benötigen Sie weiteren Rat zum Thema? Wir freuen uns auf Ihre Nachricht!

Wir sind für Sie da!
Montag – Donnerstag: 8.00 – 18.00 Uhr;
Freitag: 8.00 – 16.00 Uhr
Tel.: 0180-5 00 50 54*
Fax: 0180-5 01 20 54*
E-Mail:
leserservice@graefe-und-unzer.de
*(0,14 €/Min. aus dem dt. Festnetz/ Mobilfunkpreise können abweichen.)

P.S.: Wollen Sie noch mehr Aktuelles von GU wissen, dann abonnieren Sie doch unseren kostenlosen GU-Online-Newsletter und/oder unsere kostenlosen Kundenmagazine.

GRÄFE UND UNZER VERLAG
Leserservice
Postfach 86 03 13
81630 München

Programmleitung: Doris Birk
Leitende Redakteurin:
Birgit Rademacker
Redaktion: Tanja Dusy
Lektorat: Katharina Lisson
Layout, Typografie und Umschlaggestaltung: independent Medien-Design, München
Satz: Uhl + Massopust, Aalen
Herstellung: Petra Roth
Reproduktion:
Penta Repro, München
Druck und Bindung:
Firmengruppe APPL, Wemding

ISBN 978-3-8338-0329-1

2. Auflage 2008

GRÄFE UND UNZER
Ein Unternehmen der
GANSKE VERLAGSGRUPPE

Die Autorin

Marlisa Szwillus ist kulinarische Journalistin, Ernährungswissenschaftlerin und Autorin von über 35 Büchern. Sie leitete jahrelang das Kochressort einer Foodzeitschrift. Ihre Vorliebe gilt den Küchen fremder Länder, ob mediterran, orientalisch oder asiatisch – und deren Umgang mit Gemüse, Kräutern und Gewürzen. Sie verleiht den Rezepten einen modernen Touch, so dass sie ganz leicht nachkochbar sind.

Die Fotografin

Barbara Bonisolli beschäftigt sich seit Jahren mit Ess- und Trinkbarem. In ihrem Münchner Studio fotografiert die leidenschaftliche Köchin für Bücher, Magazine, Kampagnen. Unterstützt wird sie dabei von Claudia Juranits (Fotoassistenz) und Hans Gerlach (Foodstyling) mit Assistent Alexander Kühn.

Bildnachweis:

Titelbild: Joerg Lehmann, Paris; alle anderen: Barbara Bonisolli, München

Titelbildrezept:

Salat aus Grillgemüse (Seite 24)

Die Temperaturangaben bei Gasherden variieren von Hersteller zu Hersteller. Welche Stufe Ihres Herdes der jeweils angegebenen Temperatur entspricht, entnehmen Sie bitte der Gebrauchsanweisung. Bei Elektroherden können die Backzeiten je nach Herd variieren.

Zucchini und Auberginen – wunderbar

Wenn Sie Lust aufs Einmachen haben: Hier gibt's fünf pikante Leckereien. Für Ihren Vorratsschrank, für Überraschungsgäste oder für gute Freunde.

1 **Süßsaure Zucchini:** 1 kg kleine Zucchini waschen, putzen, längs vierteln und quer in 5–6 cm große Stücke schneiden. 2 Knoblauchzehen schälen, in dünne Scheiben schneiden. Zu den Zucchini geben. 300 ml Weißweinessig mit 300 ml Wasser, 2 TL Salz, 250 g Zucker und 1 EL rosa Pfefferkörnern 3 Min. köcheln lassen. Heiß über die Zucchini gießen und über Nacht ziehen lassen. Sud abgießen, auffangen. Zucchini mit Knoblauch und 2 EL Minzeblättchen in 3 vorbereitete Schraubverschluss-Gläser (à ½ l) schichten. Den Sud aufkochen, Gemüse damit bedecken. Zucchini verschließen. Sie halten sich kühl aufbewahrt 3 Monate. Ideal für Vorspeisenteller, z. B. zu Salami, Schinken und Käse.

2 **Zucchini-Chutney:** 500 g Zucchini waschen, putzen. 500 g Pfirsiche häuten, halbieren, entsteinen. Beides klein würfeln. 30 g frischen Ingwer schälen, reiben. Zucchini, Ingwer, 2 Lorbeerblätter, 3 Stück Sternanis, 150 ml Apfelessig, 50 ml Wasser, 1 TL Salz und 100 g Gelierzucker (2:1) mischen. In einem Topf 5 Min. kochen. 2 Schalotten und 1 Knoblauchzehe schälen, sehr fein hacken. Mit den Pfirsichen und dem Saft von 1 Limette zu den Zucchini geben. Bei kleiner Hitze 10 Min. köcheln lassen. Abschmecken. Heiß in vier vorbereitete Schraubverschluss-Gläser (à ¼ l) füllen, verschließen. Hält sich kühl aufbewahrt ca. 3 Monate. Passt gut zu gegrilltem Fleisch und Hackbällchen.

3 **Auberginen in Chili-Öl:** 1 kg schlanke Auberginen waschen, putzen, längs oder quer in ½ cm dicke Scheiben schneiden. In Essigwasser (50 ml Essig auf 1 l Wasser) 2 Min. blanchieren, abschrecken und gut trockentupfen. Auberginen in der Grillpfanne in heißem Olivenöl anbraten. Salzen. 2–3 frische rote Chilischoten halbieren, entkernen, fein hacken. Mit 3 Zweigen Rosmarin und 2 EL Kapern in etwas Öl anbraten. In zwei vorbereitete